Ein Iglu-Schwarm zieht vorbei.

Peter Butschkow

Viel Spaß beim Angeln

Lappan

Peter Butschkow, ausgewanderter Berliner.
Ab 1979 ins Bergische Land,
über Hamburg nach Nordfriesland.
Zeichnet, schreibt und lebt dort im Grünen
mit zwei Söhnen und einer Lebenspartnerin.

2. Auflage 2006

Postfach 3407 · 26024 Oldenburg
www.lappan.de · E-Mail: info@lappan.de
Gesamtherstellung: Leo paper products, Hong Kong
Printed in China
ISBN 10: 3-8303-4001-X
ISBN 13: 978-3-8303-4001-0

BUTSCHKOW

Nicht übel! Aber Sie müssten mal meinen Hecht sehen!
BUTSCHKOW

Die Champions der Woche

Prachtvoll,

der 6-Meter-Aal von Boris L. aus Leverkusen!

Mächtig,

der 82-kg-Karpfen von Timo K. aus Dresden!

Grandios,

die 105-kg-Seeforelle von Werner G. aus Passau!

Die elementaren Fisch-Formen

BUTSCHKOW

Machen wir uns dann'n Fisch-Mac?
BUTSCHKOW

Was fängt man denn?
Pitbulls!
BUTSCHKOW

Der Angeber des Monats:

7-Pfund-Brasse

von Rupert H. aus Neckarsulm

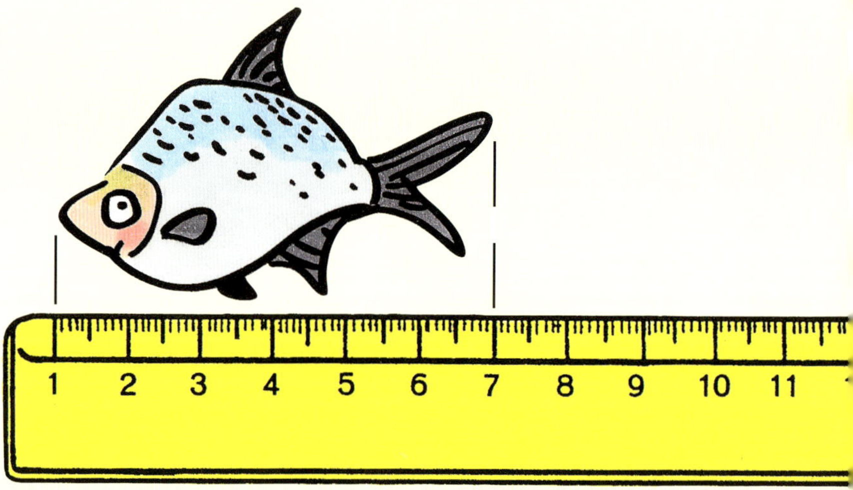

Anglerlatein

Pugna longissima peracta
mihi tandem contigit,
ut ingentem piscem incredibili
pondere ex undis traherem.
Quem cum picturam photographicam
facturus tollerem,
lubifragio affectus sum.

Übersetzung

Nach stundenlangem Kampf
gelang es mir, einen gewaltigen
Hecht aus dem See zu holen.
Er wog 43 kg. Als ich ihn für ein Foto
hochheben wollte,
zog ich mir einen Hexenschuss zu.

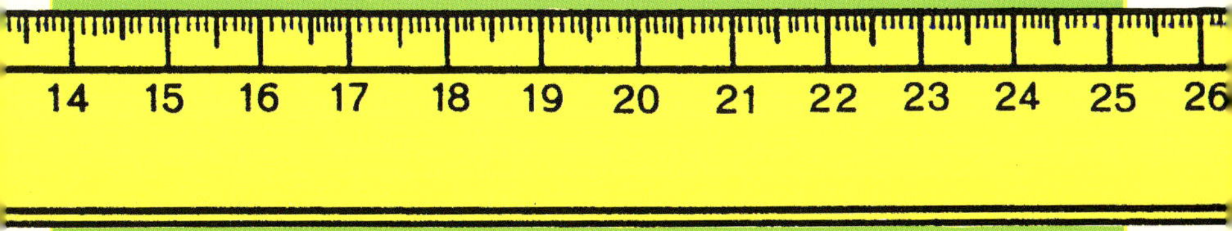

Wieder einen über den Dorsch getrunken?
BUTSCHKOW

Aus dem Angler-Album

Unser Sportskamerad Dieter kurz nach dem Fang eines 42-Pfd.-Hechtes im Greifswalder Bodden. Dieters Haltung ist siegesbewusst, der Kopf würdevoll dem Betrachter zugewandt. Die wollene Mütze verdeckt die rot geweinten Augen. Vermittelt dieser Schnappschuss nicht außer maßlosem Glück auch die Erschöpfung und die Bewusstwerdung, von der alle Angler nach erfolgreichem Fang befallen werden? Doch, tut er. Aber wo, bitte schön, ist der Fisch? Dieter? Dieter!!! Wo ist das Prachtstück!!? Könnten wir einen Blick auf den Fang werfen? Dieter? Er hört uns nicht.

In unserer ersten Auflage hieß die Bildunterschrift zu diesem Foto:
„Kapitaler Karpfen über Seegrund".
Wir bitten um Entschuldigung, es muss natürlich heißen:
„Wachsamer Hecht auf Raubzug".

Alles leergefischt!
BUTSCHKOWL

HAB ICH DICH, SCHUMANN!!
ER GIBT IHNEN IMMER DEN NAMEN EINES EHEMALIGEN KOLLEGEN!
BUTSCHKOW

Naaa!
Stopfst du wieder das
ganze Tiefkühlfach voll?
BUTSCHKOW

DER KUTTER

Fünf Uhr morgens: ***„Aufstehen!! Frühstück!!"*** *Ich wälze mich aus dem Bett wie eine Robbe von der Sandbank. Dorschangeln auf Kutter, hätte ich dazu nur nicht Ja gesagt. In wetterfester Kleidung, das Angelgeschirr fest gepackt, schlurft unsere Gruppe zum Hafen. Es ist ein schöner Sommertag, der bullige Kutter dümpelt gemütlich am Anlegeplatz, wir setzen uns an Bord draußen auf die achterlichen Bänke und kippen uns einen Korn. Gut gegen Morgenkühle und Jagdfieber. Der Käpten schmeißt den Diesel an und raus gehts auf die Ostsee. Langsam spürt man die Dünung der See und die Wärme des Alkohols. Frischer Wind weht um unsere blassen Großstadtnasen und die Stimmung ist bestens. Neben mir sitzt eine hübsche Blonde. Sie ist still und wirkt angespannt. Ich frage nach, wie denn ihr Befinden sei. Nun, ihr wäre leicht übel, aber es ginge noch. Ich punkte mit einem Vortrag über Seekrankheit und wie man sich dagegen schützen kann. Von Einstellungssache rede ich und davon, dass sie sich dem Wellenrhythmus einfach hingeben und sich nicht dagegen wehren soll. Langsam wird ihr besser, sagt sie. Sie sollte auch mal ein Körnchen probieren, rate ich ihr. Will sie nicht. Der Käpten hat einen Schwarm geortet und stellt den Motor ab.*

Plötzlich ist es völlig still. Der Kutter schaukelt und rollt in der sanften See und die erfahrenen Hochseeangler werden quicklebendig. Ich auch. Schon pfeift mein Blinker in die glitzernde See. Rein und raus, rein und raus. Neben mir jauchzt man schon im Anglerglück. Stattliche Fische plumpsen an Bord. Gleich werde auch ich meinen ersten Dorsch an der Angel haben. Ein Irrtum. Dieses Gefühl wird mir für immer verborgen bleiben. Mir wird nämlich schlecht, auf einmal ganz elendig übel. Ich habe nur den Gedanken, nicht gegen den Wind zu erbrechen.

Also stürze ich auf die Leeseite des Kutters und werfe mich über die Reling. Kalkweiß richte ich mich wieder auf und sehe in die Augen der Blonden.

Sie steht genau neben mir und zieht grade einen Dorsch aus dem Wasser. Ich kann ihr nicht mal gratulieren. Sie mir auch nicht. Ich weiß aber, was sie sagen möchte. Es ist jetzt 7 Uhr morgens. Nein, der Kutter bleibt hier bis Nachmittag 16 Uhr, wegen der Zollbestimmungen. Also stehe ich 9 Stunden auf einem Platz und bewege mich nicht mehr. Nur alle halbe Stunde, um ins Meer zu rufen. Bald habe ich nichts mehr zu sagen, rufe aber trotzdem weiter. Meine weiße Pudelmütze hat jetzt mehr Farbe als mein Gesicht. Ich weiß auch nicht, wann ich mich mal so hunde-elend gefühlt habe. Vielleicht bei meinem letzten Kontoauszug. An Deck tobt die Fangfreude, es wimmelt von Fischen und es riecht auch so. Ich fixiere starr eine Wolkenformation und wünsche mir, dass mich die Dicke da in ihre weichen Arme nimmt und meiner Tragödie ein Ende bereitet. Ganz alleine bin ich nicht. Ein Dutzend weiterer Leidgenossinnen und Leidgenossen haben sich an Bord verteilt. Sitzen oder stehen wie Wachsfiguren herum. Wir schauen uns nicht an. Noch mehr Übelkeit wäre nicht zu verkraften. Irgendwann, ich bin inzwischen 10 Jahre älter geworden, springt der Diesel an. Eine Erlösung, die ich gar nicht fassen kann. Stunden später sitze ich im Restaurant und esse Schnitzel mit Pommes. Die Blonde kommt rein und setzt sich an unseren Tisch. Ich müsse wohl einen Kuhmagen haben, sagt sie. Das zeichnet einen Seefahrer aus, antworte ich. Dann frage ich sie, ob sie Lust hätte, mit in die Disco zu gehen. Ja, sie mag empfindliche und sensible Männer, sagt sie. Der Boden unter mir fängt schon wieder an zu schwanken.

BUTSCHKOW

80 Gramm-Pilker als Herings-Imitation!
Witzig!
BUTSCHKOWK

Fisherman's Friend

Geschmorter Hecht

Für dieses Gericht
brauchen wir folgende Zutaten:

Hecht in 2,5 cm dicke Koteletts
geschnitten, außerdem ... verdammt
war das ein Prachtexemplar, so gegen
späten Abend biß er an, hat mir fast
die Angel aus der Hand gerissen ... äh ...
ach ja, das Rezept ... Entschuldigung,
äääh ... weitere Zutaten sind
60g Butter, 2 EL Mehl, 60 cl Rotwein,
so 12 kleine Zwiebeln ... auch
Champignons, klar ... und ... aber das
muß ich noch sagen, so einen Kerl
hatte ich noch nie an der Angel,
eine Kraft hatte der Bursche ... ja, oh,
Verzeihung ... ich glaube
4 Artischockenböden, 1 EL Kapern ...
egal ... und wie er mich ansah ...
meinetwegen Salz und Pfeffer oder so ...

... ach, Mutti! Mach Du!

BUTSCHKOW

ISSES WICHTIG?

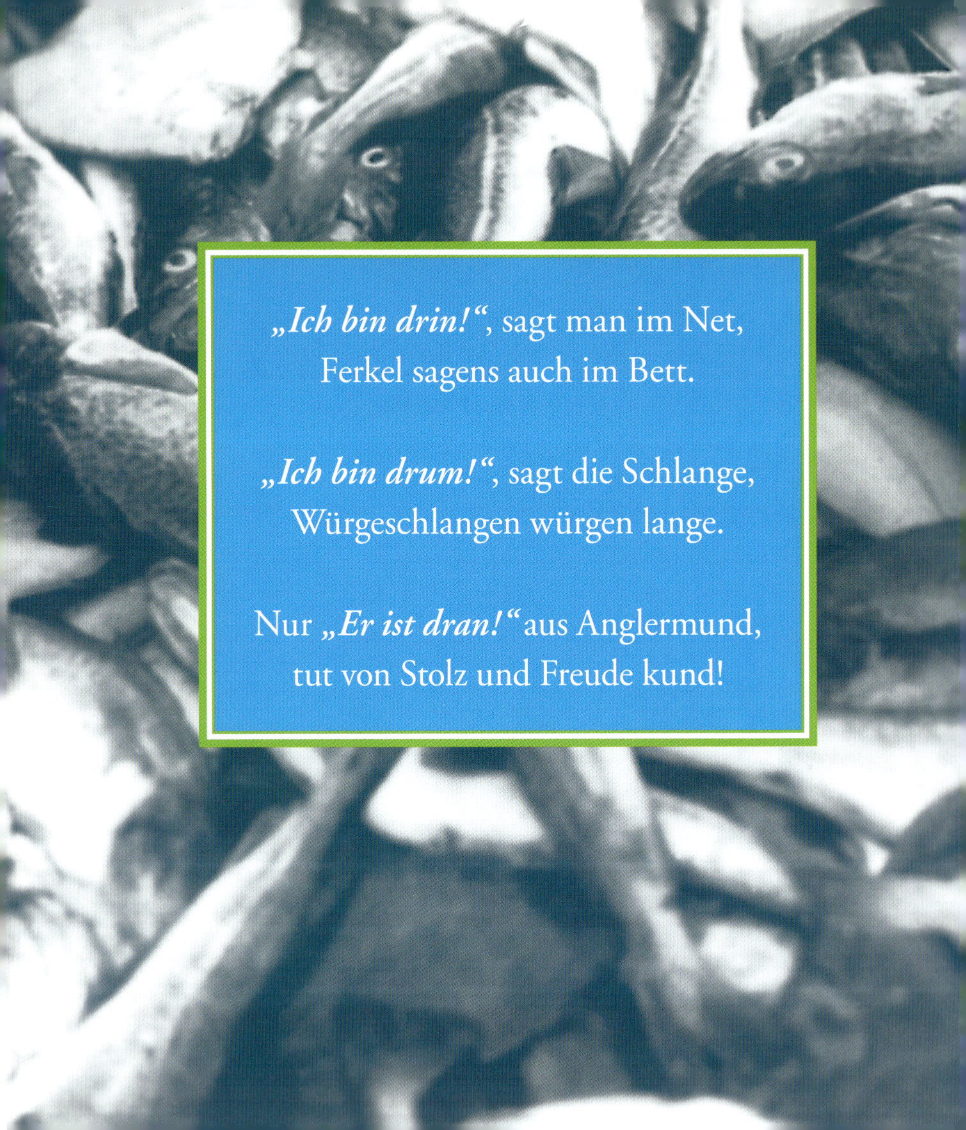

„Ich bin drin!", sagt man im Net,
Ferkel sagens auch im Bett.

„Ich bin drum!", sagt die Schlange,
Würgeschlangen würgen lange.

Nur *„Er ist dran!"* aus Anglermund,
tut von Stolz und Freude kund!

NIXE
Ich blubber
bis du kommst!
WÄHLE 666
BUSCHKOW

Bist du fertig für'n Fasching, Schatz?
BUTSCHKOW

Wenn sich zwei Fische treffen, gewinnt immer der Frechere.

SPEZIAL-KÖDER

Der TV-Happen
Neuzeitlicher Köder, speziell für Jungfische. Mit Lockprogrammen und Werbeblöcken bekannter Fischfutterhersteller. Nur für geringe Tiefen geeignet.

Super-Girl
Der beliebte Köder für männliche Fische. Hohe Erfolgsquote, Verwirr-Effekt und Verblendung mit schwerer Trennung vom Haken. In verschiedenen Duftnoten.

Der Pichelsteiner
Vegetarier-Köder mit heimischen Gemüse. Äußerst schmackhaft und leicht verdaulich. Speziell für schlanke Fische, Aale, Hornhechte und Muränen.

Die Pulle

Ideal für trinkfreudige Fische und ganze Schwärme. Senkt die Beißhemmung, steigert die Kontaktfreudigkeit nach draußen. Gut für Baggerseen.

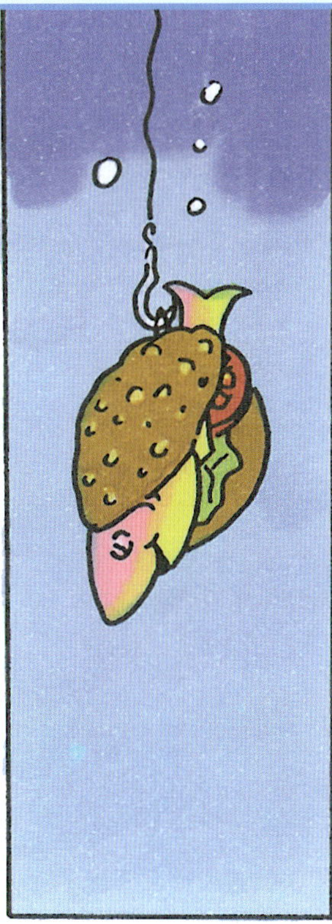

Der Köder-Mac

Bissfreundlicher Leckerbissen für große Mäuler. Verschiedene Füllungsvariationen. Der Renner bei Jungfischen und jeder Water-Parade. Knabbergefahr!

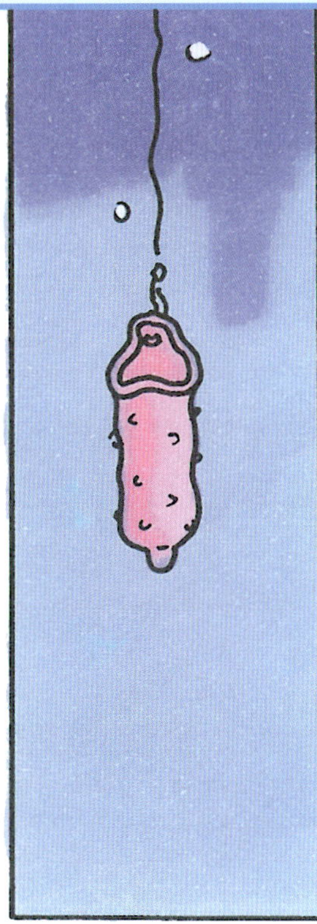

Die Gummi-Reuse

Praktischer Klassiker in verschiedensten Ausführungen. Für aufgeklärte und sicherheitsbewußte Fische. Weibliche Fische gehen selten drauf.

Angeln Sie?
BUTSCHKOW

Das war wohl das schönste Geburtstagsgeschenk für Karin.
Das Team von der Fernseh-Show „Du ahnst es nicht“ machte es möglich.

Sarah Öppelkrug, „Karausche in Ufernähe", Öl, hingerotzt.

Eine Unruhe heute!

And the winner is....
BUTSCHKOW

Der Schwarzfisch ist fertig!!
BUTSCHKOW

Lappan · Bücher, die Spaß bringen!

Peter Butschkow
… neuen Wohnung
ISBN 3-8303-4002-8

Peter Butschkow
Viel Spaß im Büro
ISBN 3-8303-4111-3

Borghorst/Rauschenbach
Viel Spaß in der Ehe
ISBN 3-8303-4006-0

Udo Piller
Viel Spaß beim Golf
ISBN 3-89082-946-5

Erich Rauschenbach
Viel Spaß als LehrerIn
ISBN 3-8303-4060-5

Peter Butschkow
Viel Spaß beim Zahnarzt
ISBN 3-8303-4005-2

Wir senden Ihnen gerne unser Gesamtverzeichnis:

Lappan Verlag GmbH, Postfach 3407, 26024 Oldenburg, www.lappan.de, E-Mail: info@lappan.de